비움

비움

초판 1쇄 발행 2024년 12월 31일

지은이 정병수
펴낸이 류태연

펴낸곳 렛츠북
주소 서울시 영등포구 문래북로 116, 1005호
등록 2015년 05월 15일 제2018-000065호
전화 070-4786-4823　**팩스** 070-7610-2823
홈페이지 http://www.letsbook21.co.kr　**이메일** letsbook2@naver.com
블로그 https://blog.naver.com/letsbook2　**인스타그램** @letsbook2

Copyright (C) 정병수, 2024

ISBN 979-11-6054-738-2　03810

* 이 책은 저작권법에 따라 보호를 받는 저작물이므로 무단전재 및 복제를 금지하며, 이 책 내용의 전부 및 일부를 이용하려면 반드시 저작권자와 도서출판 렛츠북의 서면동의를 받아야 합니다.
* 잘못된 책은 구입하신 서점에서 바꾸어 드립니다.

비움

정병수 시집

축하의 글

김성호 (시인, 목사)

시(詩)는 마음의 소리입니다. 마음으로 쓴 글입니다.
감동하고 감격할 때, 때로는 고뇌의 골방에서 사랑에 겨워 편안한 슬픔에 잠길 때, 별이 가슴으로 쏟아지는 밤하늘에 누워서 무한 공간을 바라볼 때, 작은 야생화 이파리 떨어지는 소리를 들을 때, 텅 빈 항아리인 양 빈 마음에서 울리는 소리, 가슴으로 느껴지는 것을 쓴 글.

정병수 시인이 쓴 글이 진정 이런 진솔한 시라고 생각합니다. 꾸밈이 없고 쉽게 읽어 감동을 주는 시, 두 번 세 번 마음으로 읽게 되는 시, 깊이 공감이 되는 시라고 생각합니다.
그의 시 「문장부호 인생」은 잔잔하게 인생을 느끼게 하는 음악을 듣는 것 같습니다.

소박하며 아름다운 글, 착한 글, 참된 글을 승화시킨 시들을 묶은 이번 시집 발간에 진심 어린 축하의 뜻을 전합니다.

축하의 글

고세진 (전 아세아연합신학대학교 총장)

토마스 하디(Thomas Hardy)는 우리말로 번역하기에는 까다롭고 어렵게, "Poetry is emotion put into measure. The emotion must come by nature, but the measure can be acquired by art."라고 했는데, 이를 옮기자면 "시는 감정을 운율(韻律)로 정리한 것이다. 감정은 자연스럽게 오지만, 운율은 인공적(人工的)인 노력으로 이루어지는 것이다."라는 뜻이 됩니다.

평생을 사람을 돌보는 일로 보낸 목사님이 무슨 감정(感情)이 떠올라 은퇴 후의 삶 속에서 직설법을 놔두고 운율을 정리하여 책을 펴낸 것일까요? 하디(Hardy) 조로 말하자면, 어떤 감정이 있길래 그것을 어르고 달래고 두들겨서 운율(시)로 고상하게 표현했을까요? 그렇다면, 그 시가 아니라 그 시를 배태시킨 감정 혹은 감흥(感興)의 소용돌이를 들여다볼 필요가 있을 터입니다.

시인은 「나의 슬픔」에서, 길에 떨어진 밤톨들을 지나치지 못하고 머뭇거리며 슬퍼하고 있습니다. 그러다가 작은 알밤을 하나 집어 들고 하늘이 되어서 땅을 두루두루 살펴보게 된다면 다시는 슬퍼하지 않겠다고 합니다. 그는 밤톨들이 불쌍해서 슬픈 것이 아니라, 자신이 그것들을 그냥 지나치지 못함이 못내 슬픕니다. 즉, 그의 감정은 그가 보는 대상에게서 오는 것이 아니라, 그 자신의 내면에서 불거져 나오는 것입니다.

왜 그럴까요? 강도에게 린치를 당해 길바닥에 쓰러진 사마리아 사람을 보면서 도울 생각을 하지 않고 아무런 감정이나 감흥 없이 지나갔던 제사장이나 레위 사람에 대한 불만을, 수십 년 목회 기간 동안에 다 풀어놓지 못해 그런 걸까요? 아니면, 본인도 그런 식으로 도움이 필요한 이들을 외면했던 적이 있기 때문일까요?

그는 감히 하늘이 되어 넉넉히 세상을 감싸는 존재가 되면 더는 슬퍼하지 않겠다고 하니, 보살핌의 달인(達人)이 되면 슬픔이 멎겠다는 뜻이겠군요. 그제야 우리는 그가 죽게 된 사람을 지나쳤던 과거를 참회하는 제사장과 레위 사람과 자신을 겹쳐 보고 있는 감정의 늪에서 빠져나오는 방법을 찾는 중임을 알게 됩니다. 사람들을 보살피는 일에서 느꼈던 아쉬움과 회한(悔恨)이, 그가 밤톨을 보는 오솔길의 위치에서 모든 사람을 볼 수 있는 하늘의 위치를 갈망하도록 했다고 짐작할 수 있습니다.

시인의 감정이나 감흥을 파고들어 가면, 그의 시들은 토마스 하디가 말한 시에 대한 정의에 가깝습니다. 다만 우리는 바쁘다는 핑계로 그렇게 생각에 투자할 시간이 없습니다. 그냥 페이지를 넘기다가 책장에 꽂아 두기 마련입니다. 그렇다 해서 그 시들이 잠들거나 죽는 것은 아닙니다. 어느 날 그대가 이 시집을 다시 꺼내 든다면, 그 시들은 다시금 시인 정병수의 감정을 운율로

또박또박 읊을 것입니다. 그것은 가수 남일해가 불렀듯이, 호젓한 오솔길에서 하나, 둘, 발걸음을 세면서 가는 빨간 구두의 아가씨처럼 언제나 그러고 있을 것입니다.

이 시집의 시인은 은퇴한 목회자입니다. 일생 동안 사람들을 돌보면서 사람에게 들볶이고, 실망하고, 애먹다가, 또 사람 때문에 기뻐하고, 행복하고, 희망에 넘치기도 했습니다. 그의 첫 시집에는 그런 경험에서 얻어진 감정들이 가을 들녘에 핀 들국화처럼, 조금 눈여겨보면 피어 있습니다.

천양희 시인은 "시는 내 삶의 단독정부"라고 말했습니다. 이제 직업의 굴레에서 자유롭게 된 시인은 남의 눈치 볼 것 없이 자신이 자신의 주인이 되어, 하고 싶은 소리를 강단(講壇)이 아니라 시단(詩壇)에서 마음껏 질러대는 다작(多作)의 단독정부를 수립하기를 바랍니다.

축하의 글

김초양 (시인·국민일보 신춘문예회 회장)

  목회자로 한 길만을 걸어온 정병수 목사님, 은퇴하면서 꿈꾸던 글을 맘껏 펼쳐보는 인생의 2막을 열었습니다. 먼저 시인으로 등단함에 이어 처녀 시집 출간을 진심으로 축하드립니다.

  저는 15년 전쯤 『성결문학』에서 정병수 시인의 수필을 먼저 만났습니다. 수필 속의 시인은 참 여리고 순수한 마음 밭을 가꾼다고 생각했습니다.
  그 후 가끔, 공식 석상에서 사모님과 함께 대면하였습니다. 그때마다 말에서나 글 속에서나 어머니에 대한 포근한 그리움이 배어나곤 했습니다. 문장에서 전달하고자 하는 분위기와 목사님의 모습이 참 많이 닮아 있었으며, 사모님과의 대화에서도 사랑과 배려가 묻어나는 온화한 정서가 느껴졌습니다.

  그동안 보내온 습작 시편들을 읽어보면 싱그러운 자연의 향기가 은은하게 풍기는 서정(抒情)을 맛과 멋을 내는 담백한 노래로 잘 표현하고 있었습니다. 그래서 목사님께 등단을 권했고, 때가 무르익어 드디어 첫 시집을 출간하게 되었습니다.

정병수 시인의 시 「흰배롱꽃」과 「환상」은 모성(母性)에 대한 그리움과 아내 사랑, 특히, 여성에 대한 존귀함을 잘 나타내고 있습니다. '모성은 여성의 완성'임을 시인은 이미 어머니의 희생적인 사랑과 아내의 헌신적 내조를 통해 체득한 듯합니다. 위의 시들에는 여성의 거룩성과 고귀한 여성상이 그려져 있기 때문입니다.

시란, 자신의 삶에서 얻은 체험적 가치이며, 영혼에서 우러나오는 외침을 맑고 투명하게 그려내는 응고된 향기라고 생각합니다. 하나님과 사람의 메신저였던 목사님은 지금 창조적인 힘에 영혼을 연결하여 자신의 사상과 기도를 담은 『비움』이라는 시집을 들고 독자를 향해 성큼 걸어옵니다.

시인의 첫 시집은 살아온 무게와 마음에 품었던 보석들이 신앙과 삶의 자리에서 사랑을 위한 몸부림으로 도정(搗精)되어 탈고(脫稿)된 것으로, 시집 『비움』은 회색빛 도시의 피폐한 현대인들에게 푸른 생명의 핏줄이 되고, 산소 같은 명약의 글 밭이 되리라 믿습니다.

칠순이 넘어서도 소년 같은 감성으로 한 편의 시에 눈물을 흘리고, 한 편의 시에 기쁨의 전율을 느끼는 정병수 시인의 감탄이 담긴 질량의 언어들이 꽃피우기를 기대하며, 생명과 사명의 외침에서 이제는 창창한 문필가로 자신의 존재를 강렬하게 표현하며 살아가기를 온 마음으로 기도합니다.

차례

	축하의 글	5
	머리말	16
	등단 시 / 아시아문예 신인상	19
	비움	20
	세월	22
	겨울나무	23
	시루봉	24
	문장부호 인생	26

서정抒情
2021·2022년

제비꽃	30
나의 슬픔	31
시월	33
오솔길 잡초	34
오솔길 은퇴	35
붉나무 열정	36
빈 들	37
갈잎	38
신록	39
원추리	40
답	41
그리움 1	42
황혼	43
주홍 감	44
겨울 낙엽	45
길	46

감흥 感興
2023년

눈	48
찔레꽃	49
아버지	50
치악산	52
복숭아	53
매미 소리	54
삶 1	55
산들바람	56
군자	57
하늘 내음	58
구름	59
로봇	60
나는 걷는다	62
난꽃	63
삶 2	64
가을 마중	65
무심 1	66
낙엽 1	67
정원수	68
가을 화살나무	70
초로의 우정	71
낙엽의 꿈	72
채석강 해식절벽 앞에	74
낙엽 2	76
다듬기	77
못난 단풍의 소원	78
당신께	79
화살나무 꿈	82

	낙엽의 영혼	83
	남천의 미덕	84
	겨울 색	85
	무심 2	86
	의인의 심지	87
향연饗宴 2024년	엄마의 겨울	90
	하얀 천사	91
	봄 채비	92
	겨울나무	93
	늙어가기	94
	어느 날	95
	시의 혈류	96
	맨몸	97
	기러기의 꿈	98
	하느님을 어떡해	99
	봄맞이 1	100
	이렇게 하라고	101
	별난 노망급	102
	길 위에	104
	꽃 마음	105
	봄꽃 봄소식	106
	죽음 이야기	108
	봄꽃 마음 봄마음	109
	수국	111
	망초꽃	113
	천사표왕자꽃	115
	접시꽃 할머니	116

	시와 노래	117
	이방인	118
	강낭콩 방석	119
	산수국	120
	너라서	121
	그리움 2	123
	봄맞이 2	124
	가난한	125
	늦깎이	126
	살구 향	127
	시를 담는 바구니	129
	사계인생	130
	영생살이	131
	환상	132
	섬	133
	핑크	134
	흰배롱꽃	135
	세월	136
	물음표	137
	바람이 되려오	138
기원 祈願 2017년 3월	기다림	140
	눈물	141
	기원	143
	의인의 간구	144
	등단 심사평 / 아시아문예	146
	작품 해설	148

머리말

첫 시집을 내며

뭐든지 쓰기를 좋아했어요. 청소년 때도 그런 면이 있었고, 지난 30여 년 수필이라고, 시라고 생각하며 쓰고, 그 외에도 이런저런 단상을 많이도 썼네요. 목회를 정년 은퇴하고는 은퇴 목사의 일상과 여러 생각들을 '은퇴 일기'란 제목으로, 또 들로 산으로 거닐며 때 없이 이는 상념들을 시라는 이름으로 수없이 써오고요. 그러던 중 가까운 문인들의 권유로 '활천문학상'을 수상하고, 2022년에는 『아시아문예』에서 신인상을 받으며 시인으로 등단했습니다. 이후 시상(詩想)이 훨훨 날아 꽤 많이 쓰게 되었어요.

감사하게도 주변의 격려와 성원이 이어졌지만, 책으로 내놓기에는 제 시가 부족하다 여겼기에 내내 아니라 생각했지요. 그러다 가족의 제안에 용기를 냈어요. 이참에 몇 해 동안 쓴 시들을 살펴보면서, 서툴던 처음 모습부터 한결 무르익어 풍성해진 최근작들까지를 한 권으로 정리해 보기로 했습니다. 그래서 배열을 지난 4년간 쓴 날짜순으로 했어요. 몇 편을 고르다 보니 이번 시집에 빠지는 것은 사라지는 것 같고, 심지어 제 가슴에서도 떠나는 것만 같더군요. 하나하나 보태면서 꼬박 100편을 담았네요. 어설프다 싶은 페이지는, 이게 바로

그거구나 해주세요.

이런 정리 작업을 하면서 시를 쓰는 제 마음이 느껴졌습니다. 하늘의 영성(靈性)을 사모하는 구도자(求道者)의 기원(祈願), 욕망과 자아를 내려놓고 싶은 가난한 심성(心性), 그리고 세상을 관조(觀照)하는 느낌을 가슴에 담고 싶었더군요. 앞으로는 하나님과 만유(萬有), 자아의 세미한 소리를 들어 시로 남기고 싶어요. 그러려면 더 착하고 온유하며 겸손해야 할 텐데, 늘 제 숙제라고 생각해요.

시집을 대하는 분들에게 바라는 게 있어요. 우선, 졸작이지만 저 이상의 사유(思惟)와 감흥(感興)으로 다소간 마음의 양식을 얻으셨으면 합니다. 시는 글로 하는 예술이며 시인은 이를 통해 세상을 깨끗하고 아름답게 정화해야 한다고 배웠습니다.

또한, 이 시들이 하늘 영성에 다가가는 데 작은 안내원이 되기를 감히 바랍니다. 성경 시편에 "하늘이 하나님의 영광을 선포하고, 창공이 그의 손으로 하신 일을 나타내는도다."라고 하였는데, 제가 하나님이 지으신 자연을 노래하는데도 아무 울림이 없다면 어떡해요? 작은 시를 통해서 큰 은혜에 이르기를 소망합니다.

순수시(純粹詩)를 좋아하고 이를 지향해 왔지만, 저의 시에서 기독교 신앙과 삶의 고백이 묻어나는 건 당연하지 않겠어요? 시를 쓰며 거울 속에서 스스로 발견한 모습이기도 합니다. 등단 시 심사평에서 엄창섭 교수님이 주신 가르침대로 "작은, 신의 대행자(代行者)로서 불멸의 시혼(詩魂)을 눈부시게 발화시켜, 천상의 층계를 오르는 한 사람의 순례자라는 시대적 소임을 엄숙히 수행"
할 수 있기를 기도할 따름입니다.

　앞으로도 상징 속의 의미로, 두 가지 바람을 — 마음의 양식과 영적·신앙적 감화를 — 담아 여러분에게 다가가면서 청아(淸雅)한 노래를 부르고 싶어요. 한 편, 한 편에서 여러분과 저의 숨결을 느끼고 싶습니다. 머리맡에 두고 잠들기 전에 우리 만나요. 고맙습니다. 사랑합니다.

　　　　　　　　　　　2024년 겨울, 범박동 서재에서

　　　　　　　　　　　　　　정병수

등단 시

아시아문예 신인상

비움

하늘 향한 소원 오그라들고
입의 곡조(曲調) 차라리 눈물이니
등짝에 붙은 개미허리 부여잡고
애꿎은 물로 빈 배를 채운다
주림은 힘듦이며 슬픔이어라

하늘 열려 곡간(穀間) 넉넉하니
쪼그라든 배 황소 배 되어
가슴 펴 목 늘이고
크게 입 벌려 노래하며 춤춘다
내 배여 내 날이여 영원하라

남산만 한 배 왠지 허기지고
침침한 눈 가쁜 호흡 버거운 다리
배부른 자여 주릴지로다
쟁쟁하는 귀울림에 밤잠 설치니
채움은 짐이요 어둠뿐이라

채움도 주림보다 나을 게 없어
가난한 자 복이 있나니
버리는 자 하늘 내림 맛보리라
하늘 떡이 비운 배에 채워진다
비움은 만족이니 낙원이어라

(2022. 10. 14.)

세월

매암매암 맴맴
가는 세월 놓칠세라
여름 숲 휘감으니
산야가 들썩 초목이 휘청

쓰름쓰름 쓰르르
된장잠자리 바삐 날고
고추잠자리 높이 뜨며
귀뚜라미 풀벌레 노랫가락

새날을 기다리는 소곤거림에
가는 이 목매지 않고
오는 임 마중하리
한 걸음 두 걸음 내디뎌 가며

(2022. 8. 16.)

겨울나무

삭풍 설한에도 제자리에서
찡긋 않고 덤덤한 나목(裸木)
조는 건지 자는 건지
하늘 뜻 알 길 없고
혼란스런 세상사에
하늘 향해 하염없이
울고 있나 싶어라
긴긴 적막한 겨울밤
뼛속들이 스밀 냉긴 어이하려나

세찬 바람 지나니
고요한 산중
어느 틈에 두 눈 뜨고
두 팔 든 겨울나무
그대 침묵의 사자(使者)여
들려온 하늘 소식 있소이까
잔가지가 바람결에 살랑대누나

(2022. 1. 13.)

시루봉

백두대간 큰 줄기
희양산 이만봉에 밀려 나앉아
명산의 이름도
찾는 이도 없으니
우리네 어머니 운명이여

정상에서 흐르는 물줄기
촉촉한 기운으로 온몸을 품어
야생화 산나물이 지천이라
산을 아는 군자(君子)는 찾으리니
우리의 어머니를 닮았네

하염없이 하늘 향한
채색(彩色) 없는 두 봉우리
푸른 하늘 위로하고
옹기종기 마을 둥지 품에 안은
태고의 신비 전능(全能)의 화신(化身) 어머니

두 젖가슴 내보인 채
꿈에 뵌 어머니처럼 끝내 암말도 없어
귀갓길 차창 열어 산바람만 담는다
스미는 시루봉 숲 향
온몸 감싸는 성스런 전율(戰慄)

(2021. 8. 3.)

---

* '시루봉'은 소백산맥 능선에 속하는 봉우리로, 충청북도 괴산군과 경상북도 문경시 경계에 위치한 산이다(고도: 914m). 두 봉우리가 나란히 우뚝 서 있다.

문장부호 인생

가쁜 숨결 다듬고 쉼표 하나
곤한 맘 쉬느라 또다시 쉼표
예까지 빛과 반석 되어주신 임께
만만 감사 또 감사 쉼표로 잇네

절절한 그 사랑 조석으로 넘치나
이 내 가슴 임에게 전할 줄 몰라
꾹꾹 눌러 느낌표 담아 올리고
두근대는 가슴으로 또 하나 보탠다

혼란스런 세상사 알 길 없어
힘주어 물음표 붙여보지만
한 가닥 세미한 울림도 없어
허전하니 줄임표로 필(筆)을 놓는다

끝내 내색조차 않는 임의 침묵
알 길 없는 그 뜻 담담히 믿고
세상 향한 연민을 임 앞에 뿌리며
연이어 줄임표 그리면서 가리

임을 향해 쉼 없이 오늘도 걷는다
멀고 멀던 외길 다 마친 안도감에
당당히 둥그런 마침표 찍을 때까지
정든 임 품에 안길 그날을 그리며

(2021. 8. 16.)

서정 抒情

2021·2022년

제비꽃

산길 마구잡이 걸음걸음
비켜설 줄 모른 채
운명의 제자리 짙어지고
춘풍추우 삼복더위 엄동설한
끝없는 미로를 겉옷 삼아
인고(忍苦)의 덕으로
알뜰히 제 몸 가꾼
제비꽃
네 한 잎 따 반지꽃 지을 테니
손과 발도 심성도
너처럼 자줏빛 보라로
물들여 다오

(2021. 4. 8.)

나의 슬픔

오솔길 나뒹군 굵은 알밤 하나
그냥 지나치지 못해 슬프고
도토리만 한 또 하나
그냥 가면 섭섭할까
이래도 저래도 슬프다

파란 하늘 곱고 착해서
거친 땅 일그러져
또 슬프니

굵은 알밤 못 본 듯 지나가고
오죽잖게 작은 하나
선뜻 집어 들면은

나 하늘 되어
두루두루 땅을 살펴보는
그런 날 오면

다신 슬퍼하지 않으리

슬픔은 나의 운명
나의 십자가
나의 사랑

                                           (2021. 9. 29.)

시월

삼복더위 한 낮잠 깨니
곱게 익어가는 들녘
시월 읽는 하늘의 소리
가을 앓는 한밤의 신음

높푸른 하늘 내림
거울 책의 또렷한 글자
춘삼월 피워내는 임의 걸음
시월 딛고 임 따라 봄날을 걸으리

(2021. 10. 5.)

오솔길 잡초

오솔길 걸음걸음 비좁은 틈새
만물이 웅크릴 철 지난 계절에
너 예서 오롯이 싹 틔웠구나

긴긴날 곁눈 몰라 제자리 지키며
땅 기운 받으며 하늘 숨 마시더니
숲을 지나 하늘 넘어 하늘나라 보이고
우레 속 세미한 하늘 소리 들리던가

그 누가 널 보고 잡초라 하리오
몸을 입은 하늘 왕자 아니런가
목마른 세상, 허기진 배 좀 보듬어주렴

(2021. 10. 19.)

오솔길 은퇴

살아 천 년 죽어 천 년 주목(朱木)이나
구중궁궐 천만 년 대들보
아기 예수 누인 구유도 아닌
오솔길 나무토막

숲에서 나서 웃고 울다
때 되니 고이 누운 숲의 가족
흔적으로 말하는
숨결 없는 동강이

스러지는 작은 몸에 밝아진 눈
선명한 풍년 숲 미소를 그린다
새 노래 들려오는 열린 귀
하늘 낙원을 거니는 오솔길 은퇴

(2021. 10. 19.)

붉나무 열정

오는 계절 앞서 맞는 붉은 열정 붉나무
가을 읽기 몰두하다 산행 길손 못 보네
살포시 다가가 일기장 뒤적이니
손가락 마디마다 붉은 가을 묻어난다

살랑대는 갈바람에 가을 찻잔 붉어지고
나그넷길 정담에 가을이 깊어가네
가을 읽는 오솔길 붉나무카페
세상을 붉게 할 붉나무 붉은 열정

(2021. 10. 21.)

빈 들

하늘 보며 땅을 파 봄볕에 심은 꿈
흘린 땀 젖은 등 어느새 갈바람
아침저녁 손때 묻혀 알알이 영근 자식
빼앗기듯 떠나보낸 애달픈 모정(母情)이여
휑하니 시린 가슴, 쓸쓸한 들녘
센머리 부스스 바람에 흩날린다

나그네 젖은 눈가 매만지는 하늘 울림
다 내준 빈손 온 들을 얻고
텅 비고 찢긴 가슴 천하를 담았도다
보았네 들었네 꿈결 속의 나그네는
굽은 등 펴 새날을 꿈꾸는 모정의 빈 들
저녁 들녘 쓰다듬는 하늘 바람 이는 소리

(2021. 11. 7.)

* 활천문학상 수상작

갈잎

아침저녁 갈바람에 기운 다한 가랑잎
두 손 놓고 허공에 맥없이 던져져
하나둘 낙엽 되어 맨땅에 나뒹군다

하염없이 고개 떨군 벗은 몸, 마른 손
모여 모여 맨바닥 덮는 고결한 젖은 눈가
새날에 새순 돋을 꿈을 품은 버림이라

칠흑같이 적막한 밤, 살을 에는 칼바람
인애(仁愛)로 견뎌내리, 별을 세며 노래하리
구겨지고 찢어진 몸 별나라 하늘 보리

(2021. 11. 16.)

신록 (新綠)

설한에 시린 발, 언 숨결 저려 오고
벗은 몸 삭풍에 이리저리 찢길 즈음
한마디 하늘 소리 애달프게 기다렸네

감싸안는 하늘 입김, 따스한 대지의 손길
연두색 물감으로 만산(萬山)을 덮는다
푸른 정기 천하에 전할 가슴을 담아

연둣빛 고요 깨뜨릴까 조신스런 발길
오솔길에 퍼지는 숨결조차 죄스럽다
온갖 속내 다 거두고 이 고요에 잠기리

청아한 연초록 코러스 귓전에 아련하니
이 한 몸 5월 환상에 물들어
한 걸음 두 걸음 신록의 품에 안겨드누나

(2022. 5. 3.)

원추리

땀 쏟아 하늘 향해 비상하는 여름 숲
오솔길 한 송이 원추리
어찌 때를 알고 예서 피었는지
그 색상은 어디서 배웠는가
초록 함성에 묻히거나 될 것도 없으니
너야말로 고결함의 본연(本然)이 아니더냐
누가 반기던가, 아는 체나 하던가
바람결이 매만져는 보던가
내 너의 벗 되고프니
너 닮은 시 한 수 읊어주려무나

(2022. 7. 25.)

답

내게는 답이 있다
하나님에게서
아내에게서

그런데
아내 답이 빠르다

(2022. 10. 6.)

그리움 1

어머니는 그리움이다
늘 그리우셨다
멀리라서
곁에서도
품에 안고도

손끝에
온몸 마디마디에 묻고
핏줄에도 흐르고
그러다 못해 쌓여 엉기었다
어머니의 그리움

이제 와서 내 그리움이 슬프다
슬픔이 흐느낀다
그 소리 허공을 떠도니

내 그리움
어머니 그리움 되는 날이면
다신 슬프지 않으리

(2022. 11. 8.)

황혼(黃昏)

벗으니 가볍다
산마루 골짝 속살이
하늘도 열리고
이웃이 가깝다

남은 잎 하나마저 내려
가을 잘 타 엄동 넘어
새날을 살리

새날 위해 가을이
가을 향해 봄여름이

황혼은 은총이라
오늘 가을을 산다

(2022. 11. 16.)

주홍 감

마음에 가득 차는 따듯함
온몸을 싸안는 포근함
겉과 속이 같은 색
엄동에도 한결같은 주홍빛
계절이 바뀌어도 얼어 터져도
썩지 않는 주홍 감

누르면 눌리고
찌그리면 찌그러져
허리 펼 날 없어라
깨져 문드러져도
변함없는 맛

떠나신 지 십수 년
만지고 싶은 어머니
바구니에 홍시가 슬프다
따듯하다

(2022. 12. 10.)

겨울 낙엽

소슬바람에 바스락바스락
칼바람에 오들오들
내던진 빈손은 아직도 산 목숨
아픈 밤

고이 덮인 소복(素服)에
곱게 숨 거둔 영혼
새날을 꿈꾸니
하늘의 은혜

깊은 호흡
꿈꾸는 기원(祈願)
겨울 낙엽

(2022. 12. 21.)

길

산길 들길
빗길 눈길
오솔길 한길

벗으면 같은 길
하나의 길
모두의 길

길을 간다
울며 웃으며 넘어지고 일어서며
길을 따라 길을 지고
어디까질지

길을 간다
서광(瑞光)의 동산
눈 감아도 보이는
길과 함께
그날까지

(2022. 12. 29.)

감흥 感興

2023년

눈

소리 없이 내린다
하얀 나라에서
이리저리

입김에도 스러질 흔적의
하늘 소식
하얗게 얹힌다

하늘 은혜
하얀 은혜
하얀 하늘을 먹는다

(2023. 1. 26.)

찔레꽃

오월 화원 여왕의 계절에
오솔길 덤불에 덮인
하늘 이슬 머금으며
하늘 보고 땅을 보며
오늘을 산다
마구잡이로 불려온 이름
찔레

초록 치마 적삼에 숨긴
하얀 수줍음
풀 내음에 묻힌
고아(高雅)한 꽃향내
백마 타신 임이 맞을
그리움이어라
그날이 오면

(2023. 5. 26.)

아버지

머나먼 타향
외로움이 흐느낀다
쥐어짜는 아픈 가슴의

포화 쏟아지는 밤, 닫힌 독방
한 줄기 어두움이 스며온다
처절하게 슬픈 온몸에

당신, 어머니, 그리고 아들아
대답 없는 그리움을 불러본다
지친 영혼의 외침

우는 이 없어 대신한다
한 자락 베 홑이불이
스러져가는 생명을 위해

그리워 보고 싶어
소리쳐 불러보는
불러보지 못한 그 이름

아버지

(2023. 1. 26.)

* 선친은 6·25 사변으로 마산에서 돌아가셨다. 필자와 7개월간 같은 하늘 아래 있었으나, 필자의 출생 한 달 전 출정(出征)하시어 생전에 부자 상봉을 하지 못했다.

치악산

끊길 듯 끊길 듯 천만 년 이어온
하늘 맞닿은 춤사위 능선
소리 없는 함성으로
온 누리 싸안는다
어제도 오늘도

마른 가지 눈물과 웃음 모아
하늘에 흩날리고
고이 내린 하늘 씨앗
산자락에 뿌린다
고루고루 도닥도닥

너른 치마폭에
한낮 함박웃음
땅거미에 젖은 눈물
하늘에 스민다
땅으로 흐른다

(2023. 7. 4.)

복숭아

보오얀 분(粉)에
희면서 붉고
붉은 듯 흰
곱고 여린 온몸 살결

달콤한 맛에
싱그런 향내
초록 손에 가린
바알간 수줍음

삼복더위 익어가는
소리 없는 복숭아 열정
옹골진 가슴골엔
아기 씨앗 도닥이는 자장가

하늘에 새겨진
엄마표 복숭아
그리운 어머니
흥건한 복숭아 눈물

(2023. 7. 29.)

매미 소리

아랫마을
눈물 젖은 애련(哀憐)을 담아
온 누리 누비다
비에 젖어 내리리

맴맴 매암매암 쓰르르르
허기진 영혼

가는 세월 추억을 읊고
내일을 노래하리
구름에 얹혀
하늘 문간 이르리

맴맴 매암매암 맴맴 매암매암
오늘의 찬가

(2023. 8. 3.)

삶 1

살았으니 흔들리고
잎이 있어 더 흔들려
열매 땜에 버겁고
근력 부쳐 어찔어찔

이는 바람 버티며
하늘 향해 양팔 들어
춤추듯 휘둘려도
비틀비틀 넘어지랴

두 눈 크게 떠
하늘 너머 바라보니
비켜 간 된바람 자리에
금빛 한 줄기

가을볕 소복이 담은
바구니 되리

(2023. 8. 9.)

산들바람

세상을 혼내는
싹쓸바람 왕바람 아니고
만인을 다스리는
영웅 바람 못 되며
굳은 땅 기경(起耕)하는
소낙비도 못 되지만

보시시 새싹 만져주고
살랑살랑 잎새와 춤추며
잔가지 가벼이 응원하는
소리 없는 산들바람이어라
길손 이마에 손수건 건네고
작은 깃발 같이 흔드는

(2023. 8. 11.)

군자(君子)

꽃으로 필 줄 모르고
청초한 신록도
화려한 단풍도
몰라요

제때
제자리에
있을 줄만 알아요
하늘이 불러준 이름
'버섯'으로

쬐는 볕
들리는 빗소리
스치는 바람에
땅을 딛고
하늘 보며

(2023. 8. 31.)

하늘 내음

보일 듯 만져질 듯
온몸에 스미는 풀 내음에
걸음 멈추니
들릴 듯 들릴 듯
초록 멜로디

푸른 향내
하늘을 여니
푸른 리듬 타고
하늘이 내린다

온몸에 묻는
하늘 내음

(2023. 9. 8.)

구름

막히거나 급할 거
낯설 것도 없으니

가고 오며
앉고 서며
누우면 눕고
<u>흐르면 흐르고</u>
바람 따라
손짓대로

정한 길이 없으니
길 없는 길이
길이어라

맨몸이니까

시와 노래 되어
하늘 가는 길이니까

(2023. 9. 9.)

로봇

당신 몸에 햇빛 들면
내 얼굴 밝아지고
그늘지면
나 또한 어두워져

우리 첫애 미역국
덩달아 잘 먹더니
난 아무래도
리모컨 당신의 로봇인가 봐

이제야 알았네
긴긴 지난 세월
당신이 로봇이고
내가 리모컨이던 걸
깨진 리모컨

여보
이제 우리
하늘 리모컨 따라
잘 가자 재밌게
착한 로봇 하나로

(2023. 9. 9.)

나는 걷는다

숲 내음 흙내
바람길
벗 삼아

연두 잎 비에 젖다
갈바람에 구겨지고
눈 덮여 스러져도

숲속 구름 길 너머
하늘이 열리는 날
뛰며 날 때까지

나는 걷는다
시를 신고
노래를 담아

                                        (2023. 9. 11.)

난꽃

푸른 잎새 뒤로하고
가지런히 피어난
청초한 하늘 선녀

하늘 닮은 송이송이
고결한 마음
하늘 꿈 스민 성녀(聖女)

간밤에 내린 꽃잎
보랏빛 젖은 몸
맨몸 하늘 성자(聖子)

다 이루었다

(2023. 9. 21.)

삶 2

온몸을 부축하는 외다리
마른 회색 길바닥에
뭘 먹을 게 있으랴만
애써 찾아 줍느니
조심조심 콩콩 뛰며
나그네 턱밑까지

뭔가 생각난 듯 훌쩍 난다
잿빛 두 날개 기울여
또 갈 데가 있으려니

삶은 아름다운
살아야 할
사랑할 만한
져야 할 짐의 무게까지

내일도
또 내일도

(2023. 9. 22.)

가을 마중

맑고 높은 가을 하늘
영혼까지 스미는 신선함
가을볕에 물드는 주황색 온몸

끝없는 환상의 파란 가을 나라
어딘가 숨겨졌을 그리운 낙원
고요와 고요가 고요히 자리한

가을 숲을 채비하는 그림물감
섬섬옥수 풀잎의 지혜
영혼을 적시는 풀벌레 환상곡

한 걸음 두 걸음
마중 걸음에
설레는 숨결

내 은혜가 네게 족하다

(2023. 9. 26.)

무심(無心) 1

산

길

흙

풀

(2023. 10. 2.)

낙엽 1

연둣빛 봄날의 미소
푸른 젊음의 열정
타오르는 붉은 코러스

이젠 다 잊어
비워 내린다
구겨진 낙엽의 일기

태초의 고요
맞닿은 하늘과 땅

다 이루었다

꿈속의 하늘 멜로디
바람이 비켜 간다

(2023. 10. 7.)

정원수 (庭園樹)

봄이었지 우리 처음 만난 게
낯선 터에 겨우 뿌리 내려가며
잎 피고 꽃 피우며
메마른 봄날, 불볕 여름
잘도 견뎌왔구나

단지 안에 대왕 느티나무
애써 견뎌보더니
살아나기를 기원했건만
실려 가는 날 속으로 울었어
잘린 자리가 오늘도 슬프고

그대들은 우리의 벗
다가와 불러주는 이름으로
입가엔 미소가 피어났지
'서로'를 알아가며
'같이'를 배웠어

친구여
이제 우리 가을을 수놓아 보자
머잖아 소복소복 눈도 내릴 테지
고운 수채화를 그려보고
시를 노래하며 새봄도 맞이해야지

(2023. 10. 11.)

가을 화살나무

아침 햇살 머금은 홍조(紅潮)
다복다복 안은 온기
이렇게나 고운 데다
정겹기도 하면야

그 누가 마다하리
내려놓는 젊음을

침(針)을 버린 화살 날개
날렵한 몸매
창공을 날리
가을 하늘 노래하리

구름 넘어 하늘 넘어
꿈을 꾸면서

(2023. 10. 17.)

초로(初老)의 우정

세월 따라 계절 담아
알알이 영근 들녘
센머리 넉넉한 이마
하늘 은혜 아니런가

흘러가는 우리 세월
시 한 수 읊어보고
가을 담고 엄동 넘어
봄날을 노래하세

하루하루 한 뼘씩
세월은 짧아져도
마음 열고 읽어 잇는
반세기 넘는 옛정이라

그 누가 막을쏘냐
늘어가는 초로의 우정
매일매일 두 뼘씩
잊었나 하면 벌써 그리운

(2023. 10. 31.)

낙엽의 꿈

움츠러드는 어깨
기진한 걸음걸음
희뿌연 안갯길
하염없이 뒤적인다
한낮 아기 배냇짓
토닥토닥 방망이 소리
꾸역꾸역 굴뚝 연기
벗겨지는 신발
뜨는 해 지는 달

꿈만 같던
버거우나 행복했던 영상
아름아름 책갈피에
푸릇한 정기 지워지고
색 바래 구겨지기 전에
손 더 시리기 전에

이제야 맘 편히 내려놓고
허공을 내던지는
슬프지 않은 한 잎 낙엽
땅에 닿기도 전에
바람에 휘둘려
하늘로 오르느니

그날, 슬프지 않은 그날이
꿈에 본 그 날과 같을 줄이야

(2023. 11. 2.)

채석강 해식절벽 앞에

깨지고 깎이며
억만 세월 울었다
거친 파도에 부푼 두 손
다친 몸은,
몰아치는 비바람에
젖은 가슴은

따스한 봄볕에도 슬픈 피멍울
솜 같은 바람에도
쓰라린 생채기
또다시 억만 세월
하늘 보고 땅을 보며
매만지고 매만져

처얼썩 처얼썩
음표 하나 없이
감미로운 선율의 노래가 되고
시어 하나 몰라도
고고(孤高)한 감흥(感興)은
한 편의 시로 새로 남이여

저만치 파도에
시와 노래가 또 밀려온다

(2023. 11. 9.)

---

* '채석강'은 변산반도국립공원 격포항 일대의 층암절벽과 바다를 총칭하는 지명으로, 변산팔경 중의 하나인 채석범주가 바로 이곳이다. 당나라 시인 이태백이 술 마시며 즐겼다는 중국의 채석강과 흡사하다고 하여 채석강이라 불리게 되었다고 한다.

낙엽 2

단풍은 눈에 예쁘고
낙엽은 마음에 스미니
단풍은 동화요
낙엽은 철학이라

단풍에 놀고
낙엽에 산다

단풍을 읽으며
낙엽을 걷는다

(2023. 11. 13.)

다듬기

글자 모아 글 되고
다듬어 좋은 글 되며

방망이 다듬질에
바지저고리 되듯이

돌이라도 다듬고 다듬어
소중한 흔적을 남기느니

너와 나 우리도
다듬고 다듬으면

좋은 날 오리

(2023. 11. 15.)

못난 단풍의 소원

곱게 물들어야 할 땐데
낌새도 없으니
노랗거나 빨갛거나
아무래도 좋지만

어차피 벌써
단풍도 낙엽 되는 철이니
이대로 낙엽이 되더라도
이 몸에 흠집 내
글귀 한 절 적었으면

못난 단풍의 마지막 소원

(2023. 11. 17.)

당신께
— 아내 칠순에 헌시 —

스물넷 바알간 연지볼에
동그란 미소가
여보
아직도 곱다만
어언 칠십 할머니가 되셨소

저 멀리 까마득한
칠십 년 그리고 사십육 년
장편소설이나
한 권의 주옥같은
시집이라도 되련만

아련한 꿈속의
한 장 그림처럼
보일 듯 보일 듯
손에 잡힐 듯 말 듯
엊그제만 같구려

서툰 나의 살림살이에
기나긴 목회 여정
그래도 잘 마치고 노후를 보내는 건
여보 당신의 지혜와 인내, 근면
성숙한 신앙과 헌신의 공입니다

이제 노오란 단풍으로 들려오는
세월 넘나드는 옛이야기
찻잔 속에 동그란 미소 지으니
소설이나 시보다 진한
우리 오늘에 감사하오

우리 딸 사위 아들 며늘아기
금쪽같은 두 손주
제 몸 가꾸는 알뜰한 몸짓에
효성스런 가슴도 고맙고
하늘 은총 헤아려 듬직도 하니
더하면 뭐하고 더 좋아 뭐하리오

주 바라보기 말고는 아는 게 없으니
걸음마다 손길마다 주의 인도 바라고
감사하며 조심스레 가야겠지요
은혜와 사랑의 본(本)으로 살며
만인 담은 기원 이루실 은총을 보면서

여보 오늘을 축하하오
당신의 계절에 한 송이 장미화
나의 제2의 주님인 당신
건강하게 착하게 잘 갑시다

주님만 바라보며
세상을 사랑하며

당신 칠순 생일에
당신의 남편, 정병수

(2023. 11. 25.)

화살나무 꿈

검은 머리 붉은 얼굴
벗어버린 맨몸에
스쳐오는 찬 바람
모여 모여
서로서로
언 몸을 싸안는다

찬 서리 입김 모아 녹이며
꿈속의 새봄을 노래해
기다림도 익숙하면
기다릴 만하리

철 지난 벗은 몸
화살나무 꿈

(2023. 12. 3.)

낙엽의 영혼

몸으로 있기보다
몸에 있는 몸보다
두 손 놓은 너른 가슴
온 산 덮는 몸을 떠난 몸

삶을 내려 잠자는 숨결
만산(萬山) 싸안는 고운 온정
기척 없는 영혼의 소리

햇빛 받아 별빛 따라
비에 젖으며 구름을 걷더니
회리바람 타고 하늘을 난다

하늘에 울려 퍼진
영혼들의 이야기

(2023. 12. 5.)

남천의 미덕

뽐내는 게 아니라우
여기 이렇게 있음은
하늘 뜻이려니

색 바랜 빈 겨울 정원을
곱게 수놓은 꽃 몸
정열의 붉은 물감

연록의 새봄이 올 때까지
가을에서 봄을 잇는
그대 남천의 미덕

가지런한 두 손
한겨울 작은 기원

(2023. 12. 11.)

---

* 남천(南天): 매자나뭇과 상록 관목으로 높이는 1~3m 정도. 남부 지방에서 흔히 심거나 석회암 지역에 자생하는데, 공해에 강해 도심의 공원이나 주택지 정원수로 기른다. 6~7월에 흰색 꽃이 피고, 열매는 10월에 구형의 적색으로 익어 겨우내 쓸쓸한 정원에서 빨간 잎과 함께 아름다움에 한몫한다.

겨울 색

칙칙하니 색 바랜
희뿌연 몸짓
가는 바람 오는 눈비에
거칠어진 손등
다 잃은 빈손 둥지
겨울 색

바랜 게 아니라
지운 거고
내려놓아 버림이며
벗은 거니
하늘 뜻에 내맡긴
성스런 무능이라

끝내 채색 없는 온몸
메마른 수액에
스미는 하늘 입김
연록의 새봄, 정열의 초록을
노래하리
파란 겨울 색 찬가

(2023. 12. 13.)

무심(無心) 2

소리 없이 맥없이 하염없이
흔적도 없이
솜털같이 흩날리는
길 없는 하얀 눈

저만치 희끗한 뒷모습
무심에 무욕 얹어 걷느니
한 걸음 한 걸음
처진 어깨 느린 걸음

가벼운 걸음

(2023. 12. 19.)

의인(義人)의 심지

꽃 피는 봄날, 찌는 불볕
장마에 곯고 비바람에 휘둘려
화려한 단풍 벗고 냉기 쏟는 밤

세월 따라 피고 지며 웃고 우는데
그럴 리 없어 달리 하릴없는
제 몸으로 제자리 지키는
두 팔 들어 열린 하늘 향한
뜨락에 소나무

(2023. 12. 22.)

향연 饗宴

2024년

엄마의 겨울

갈잎에 덮이고
언 눈에 묻혀 가쁜 숨결
스미는 냉기를 막을 길 없고
산등성이 휘갈기는 칼바람에
엄마 살점 저며오네

한겨울 긴긴밤
한뎃잠 진배없는데
폭신한 엄마 품 아기
연둣빛 안개 꿈에 뛰노니
식지 않는 엄마표 자장가

밤바람에 가랑잎 서걱대니
또 눈이 내리려나
엄마의 겨울은 달린다
제비꽃 복사꽃 피어나는
양지쪽 뒷동산의 꿈

(2024. 1. 16.)

하얀 천사

앞서거니 뒤서거니
바람 타고 서둘러
하얀 눈 천사
하늘나라 고운 임
나비 춤사위

벗은 몸 하얗게 입혀주고
비운 데 하얀 맘 나눠주려고

(2024. 1. 17.)

봄 채비

구겨지고 찢어진 가랑잎
새싹 맞을 설렘에 젖고
적막한 겨울밤에
기진한 굴참나무
온몸 기지개

벗의 일기 임의 연가
나그네 설움
차디찬 보따리에 싸안고
언 몸 녹여 채비하는
산길 봄노래

(2024. 1. 18.)

겨울나무

산이 산이게 하는
오늘도 그 자리에
한추위 겨울나무
칼바람이 비켜 간다

가뭄에 목 타고
폭염에 지치다
장마에 곯고
갈바람에 거칠어진

아들 언 손 싸안는
엄마의 시린 손
산이 산이게 하는
오늘도 그 자리에

(2024. 1. 22.)

늙어가기

벗겨진 몸 냉한 가지
고적한 손길
허망한 숨결에
잊혀가는 빈 입김

꼭 쥔 손, 등의 짐
외던 시, 부르던 노래까지
잃고 빼앗기며 비우고 지운
흔적 없는 걸음걸이

예가 인간의 낙원이고
하늘 문이려니
이대로 산 돌 되어
새날을 걸으리

(2024. 2. 3.)

어느 날

많이 온 줄
익었나 싶었는데
어느 날 뒤돌아보니
한 발자국도
생것으로 그냥
놔먹인 망아지로

잘난 가슴 쥐어짜며
돌을 던진다
무덤에 숨을 담고
그림자에 혼을 담아
인정하고 수용하며
배려하고 격려함이

그렇게 그렇게
바람에 휘둘리며
눈비에 젖는 빈껍데기
어느 날 뒤돌아보면
하얗고 동그란 이슬
맑은 시와 노래이리

(2024. 2. 7.)

시(詩)의 혈류(血流)

잔챙이는 밥인 줄
태산도 내 것인 양
제 몸 먹게 될 줄 모르니
머리 위에 하늘 있음 모름이라

어제를 벗고
내일을 입는다

두 눈이 두 발을 내려보고
두 발은 대지에 엎드려
경건한 두려움을 먹느니
땅속의 하늘을 난다

온몸 달구는
새로 난 시의 혈류

(2024. 2. 13.)

맨몸

연두와 분홍의 꽃단장
천하를 덮는 녹음의 열정
화려한 단풍과 낙엽의 서정

이제 다 벗은 홀가분한
속살까지 내보이는
부끄럼 없는 빈 몸 산야

이때를 위함이라
빼앗기며 잃고 벗어 놓은 게

새 하늘 새봄의
새 노래가 들려오나니

(2024. 2. 14.)

기러기의 꿈

이역만리 하늘길
바다 건너 저 멀리
예서 제서 보고 들은
구름 너머 동화 나라 이야기
끼룩끼루룩 끼룩끼루룩
앞서거니 뒤서거니
기러기 동무들

어느 들녘 외진 숲에
쓸쓸히 스러진대도
오늘은 여기 내일은 저기
오늘을 난다
끼룩끼루룩 끼룩끼루룩
새 하늘 새 아침을 그리며
꿈꾸는 나그네

(2024. 2. 23.)

하느님을 어떡해

흐르는 구름이
나뭇가지에 걸려 울고
비켜선 흰 구름 틈새엔
하늘이 풍덩 빠져버렸다

파란 깊은 하늘 바다는
하느님 눈물
하느님이 빠졌나
뵈지 않아 슬프다

하느님을 어떡해, 죽었나 봐
구름을 걷어내고
두레박질해서라도
하늘 눈물 퍼내야

숨 막히는 이 몸을
일으켜야지

(2024. 2. 27.)

봄맞이 1

썰렁하나 굳은 의지 맨다리에
성기고 헝클린 열두 긴 팔
어둔 눈 껌벅껌벅 꿈을 꾸더니

겨우내 잉태해 온 봄기운이
하늘 맞닿은 꼭대기 가지가지에
소리 없이 소문 없이 잘도 열렸네

하늘 은혜 연둣빛 누이같이 고운 새봄
만산(萬山) 온 세상 땅끝까지 내리면
하늘땅 맞닿은 동화 나라 꿈나라

(2024. 3. 6.)

이렇게 하라고

곱고 깨끗하여 정(淨)한 마음이
만사와 만능보다 우선이라고
나뭇가지 풀잎마다
먼저 꽃이 피는 새봄이고요

찌는 불볕, 퍼붓는 비바람에
당당히 맞서 이겨내며
푸른 열정 쏟아내라고
녹음 짙은 여름인가 봐

알알이 여문 알곡, 붉은 단풍에
알뜰한 심성, 따뜻한 정을 닮고
소소한 삶에 고아(高雅)한 상념이라고
서걱서걱 낙엽도 시를 읊나 봐

칼바람에 아리고 쓰린 삭정이
꺾이고 잘리어 부서지니
백설 같은 하늘 소식 이불에 덮여
겨울밤엔 고요히 기도하라고

(2024. 4. 10.)

별난 노망(老妄)급

먹고 자고 놀며 웃는
그저 행복한
맛있게 먹고 맛난 친구 좋은
철없는 아이

수술로 암세포 뚝 뗀 줄 알고
그저 감사해
걱정 없이 잘 먹고 잘 자니
몰라도 한참 몰라

일 원 한 푼 벌어올 줄 몰라도
쓸 건 다 쓰는
체어맨 휘발유 얼마가 들건 말건
밥인지 떡인지

약한 몸 작은 얼굴 아내 걱정 모른 채
산행에 여행에
하루 천 리 드라이브
쌩쌩한 노망급

오늘도 그저 감사하고 행복한
멀쩡한 바보 상자
하늘나라 내 임은 나만 좋아해
아무래도 나는 별정직 등급

                                       (2024. 4. 10.)

길 위에

큰길 오솔길 꽃길 빗길
오름길 내리막
허겁지겁 마구잡이
부딪치고 넘어졌네

이제 와 돌아보니
꿈에 본 본향으로 가는
가는 길 따라가는
길에, 길 위면
그러면 되는걸

오름보다 이룸이
이룸보다 누림이
귀한걸

길에
길 위에 살리
길만큼 가리

(2024. 4. 12.)

꽃 마음

아름답고 깨끗하며
곱고 보드랍게
빨강 노랑 하얀 마음으로
그래서 꽃이라고

산에 들에 푸섶길에
길가 냇가 화단에
어디서나 그 모습 그 향기로
언제나 꽃이라고

입에 말 몸짓말 하나 없이
그냥 그렇게 있어도
하늘땅 넘나드는 시와 노래로
꽃은 마음이니까

그렇게
꽃 마음으로

(2024. 4. 22.)

봄꽃 봄소식

정겨운 가지마다 은은한 매실 향
고고한 선비 매화
임을 향한 일편단심 청순한 순정
하이얀 매화
정열의 첫사랑, 뜨거운 가슴
홍매화 빠알간
헌신적 아내의 진정한 사랑
황매화 노오란

만만 애호가의 청초한 사랑
고고한 사군자 난초꽃
새봄을 피워내는 작은 손 기도
산수유꽃 노란
엄마 품에 아기, 우리 서정 우리 노래
노오란 개나리꽃
사랑스런 아내, 보드라운 살결
연분홍 진달래꽃

꿈 많은 이팔청춘 해맑은 순결
하얀 벚꽃
봄맞이 모델, 종갓집 후덕한 맏며느리
하얀 마음 목련꽃
청순한 소녀 가슴, 숨겨둔 설렘
연분홍 살구꽃
오늘을 기다린 첫사랑 고백
꽃분홍 복사꽃

지란지교 벗의 영원한 우정
분홍색 철쭉꽃
백의의 천사, 어머니 마음
백철쭉 하얀 꽃
닮은꼴 얼굴, 그리운 형제애
영산홍 다홍 꽃
아장아장 걸음마, 하늘나라 아기 천사
라일락 하얀 꽃

봄꽃 미소, 봄소식에 담긴
꽃 마음, 꽃 사랑에 물들어
설레는 가슴, 부푼 사랑

(2024. 4. 23.)

죽음 이야기

누구나 아는
너도 나도 가는 길

가지 않곤 모르는
어디론지
언젠지
왜인지
알 듯 모를 듯

꿈꾸는 슬픈 이야기
빛 속에 숨긴 죽음 이야기

오늘도 걷는

(2024. 4. 24.)

봄꽃 마음 봄마음

깨끗하고 착하며 따듯한 봄마음
노오란 수선화꽃
정열적 기품에 당찬 자존감
함께하는 어울림 튤립꽃
청초한 미모, 고아(高雅)한 귀부인
산사(山寺)의 청벚꽃

보드라운 입술에 연지볼
황후 행차 모란꽃
엄마 닮은 큰누님 달덩이 얼굴
함박꽃 함박웃음
따습고 폭신한 사랑, 아내 가슴골 향내
진홍색 장미꽃

조상님들 보릿고개, 곯은 배 잊지 마오
하얀 쌀밥 이팝나무꽃
논두렁 밭두둑에 소박한 흰 물결
튀긴 좁쌀 조팝나무꽃
보고픈 옛 동무 추억의 학창시절
그리운 고향 냄새 아카시꽃

엄마의 다정한 귀엣말 속삭임
노오란 씀바귀꽃
밟히고 치이며 뿌리내린 생명력
하얀 마음 노란 정, 냉이꽃
빈터 묵정밭 밭두둑 길가
낮은 자리 겸허의 덕 개망초 계란꽃

죽마고우 옛 동무 그리운 얼굴
분홍 꽃 꽃잔디
어린 시절 예쁜 소녀 보랏빛 추억
제비꽃 꽃반지
순결한 짝사랑, 성결(聖潔)의 상징
덤불 속 하얀 찔레꽃
푸른 하늘 은하수, 정좌한 선비의 면류관
계수나무 하얀 꽃

봄을 먹고
봄꽃 마음 봄마음을 심다

(2024. 5. 4.)

수국

십 남매 백 손주 아기 꽃 사랑
하얀 다발 봉긋한
어머니 젖가슴

가지 줄기에 묻어
초록 잎새에 가린
아버지 정혈(精血)

하얀 송이송이에 담긴
그리움
어머니 따스한 손길

구석구석 가지에 새긴
슬픔
아버지 메마른 혼백(魂魄)

송이송이 스미는 봄바람에
사무치는
어머니 가슴 향내

그리운 어머니 미소 안에

멈춰 선

아버지 서글픈 눈빛

(2024. 5. 11.)

* 아버지는 6·25 사변에 필자의 출생 한 달 전 출정(出征)하여 돌아가심으로, 7개월간 같은 하늘 아래 있었으나 부자 상봉은 없었다.

망초꽃

내 자리는 밭두둑 한편
쓸모없는 자투리땅
밭은 곡식 터전이니 어쩌겠어요

어쩌다 묵정밭이면
하얀 꽃동산 무대 널리 열어요
나라를 세운 듯, 천하나 얻은 듯

망할 풀, 잡풀이라 망초라 하나
나 망초도 꽃을 피워요
나도 꽃이라고요, 망초꽃

빈터마다 단골로 푸지게 널려선가
헐한 이름 개망초라 하는데
망초 계란꽃이라 하면 아니 되나요?

이러나저러나 길가 둑방 황무지
어디든 자리하고 꽃을 피워요
뿌리잖고 가꾸잖는 설움도 잊고

밭엔 곡식, 들에 뜰엔 백화(百花)
남이 다 내놓은 그늘진 터에
담벼락 틈새라도 나는 좋아요

하지만 나는 믿어요
우린 다 하느님 자녀라고
하느님이 기르시는

(2024. 5. 14.)

천사표왕자꽃

묵정밭 밭두둑 후진 자리 버린 땅
빈터 둑방 거친 돌 틈 마다 않고
메마른 땅 길가 담벼락 틈새라도
그대만은 자리하고 꽃을 피웠다

빈약한 몸에 오죽잖은 송이송이
천덕구니 이름 개망초로
모여 모여 이룬 꽃동산 흰 물결
길 가는 임들은 널 보며 반긴다

그대 거친 터에 내려온
하얀 천사
낮은 자리 하늘의 왕자
천상초요 천사표왕자꽃 아니런가

(2024. 5. 19.)

접시꽃 할머니

서글픈 엄마 눈에 탄식 식어갈 즈음
품에 아기 옹알이 안개 속에 묻히며
애절한 엄마 숨결 맥없이 스러져갔다

강산이 열 번 변한 어느 초여름
진분홍 접시꽃에 떨어지는 눈물
꽃잎마다 하얀 미소 다복(多福)이 피어난다

흐느끼는 눈물에 젖는 하얀 미소
접시꽃 마을, 윤융촌(尹荗村) 우리 할머니
꽃 나이 접시꽃 할머니 손자
그리워 그리워서

(2024. 6. 9.)

* 필자의 할머니 윤융촌(접시꽃 荗, 마을 村) 님은 꽃 같은 나이에, 첫아기인 필자의 선친이 젖먹이일 때 돌아가셨다.

시와 노래

하늘이 낙원 되고
땅은 세상 되며
구름과 바람이
나무와 풀이
이웃 됨은
시가 있음이라
사람이 삶이 됨도

삶이 노래 되어
하늘을 노래하면
하늘을 살며
세상을 본다

시와 노래가 이리 온다

(2024. 6. 10.)

이방인

난초 함박꽃 영산홍 고루 가꾼
썰물에 물 나가듯
해 저문 초여름 헐렁한 화단을
내내 혼자 피우고 있는
조그맣게 하얀 이방인

심음도 가꿈도 모르는
혼자 나 크고 꽃 피워
운명을 사는
얹혀사는 개망초
꽃 뿌려 몸 버려

하늘 보며 땅을 사는
그리움

(2024. 6. 11.)

강낭콩 방석

둘을 쪼갠 네 쪽 껍질
엮으며 당기며
할머니가 접어주신
어려서 하던 대로

강낭콩 작은 방석
나 앉기 딱 좋은

그리운 할머니

(2024. 6. 12.)

산수국

올올이 수놓듯
가녀린 봉오리 꽃잎
하나하나 꿈꾸며
꽃 봄엔 고요히
기원 올리던 너
소리 없이 한 잎 한 잎
작은 손 기지개

앞서거니 뒤서거니 찬란한
꽃 봄 지난 초록 단색 정원
이때를 위해런가
그대 홀로 피어나는
6월의 하늘 선녀 내린
그윽한 보랏빛
뜰의 산수국

한 잎 기원 두 잎 기원
하늘 마음 피워내는
기도하는 손

(2024. 6. 12.)

너라서

너라면 되겠어
다들 쓸 만한 땅 차지할 때
밭두둑 둑방 길가라도 좋으니

너라서 되는 거야
거기 씨 떨궈 싹 틔워도
뭔 소리 어느 누가 할 게 없으니

너만은 되는 거지
후진 자리 구석빼기 마다 않고
심어줌도 가꿔줌도 모르니

너니까 천상초야
천하디천한 이름 개망초로
굳은 땅 돌밭에 내린 뿌리 숭고한

너는야 천사표지
풍채 없는 가녀린 몸 도심이나 산골이나
거리에나 어디거나 하얀 미소 남실대는

너라서 힘겨워 행복하니
그래서 사랑이야
그러니 하늘이고

(2024. 6. 13.)

그리움 2

백옥 꽃잎 우아한 미소야
그릴 수 있다지만
그윽한 향내는 어이 담으리

스멀스멀 한편 옆구리
이름 모를 그리움이라니
백합 향이 묻어라도 왔는가

세모난 그리움이
동그라미이런가
잿빛이 아니라 분홍이런가

온몸에 퍼지는
그리운
분홍색 동그라미

(2024. 6. 26.)

봄맞이 2

고운 꽃이 지고
열매도 떨어지고
그래서 크고

맛난 가을 벗고
냉기에 스러지고
그러면서 봄이 오고

봄을 먹고
봄에 놀고

(2024. 6. 28.)

가난한

버거운 인생살이
구겨진 웃음 못난 걸음
외면 않고 훨훨 나는
눈물 젖은 형제여

낮은 지붕 적은 무리
작은 자리 쓸고 닦는
고이 모은 작은 두 손
하늘에 둔 소망이여

구유에 대패질에 길 없는 나그네
무거운 두 어깨 지친 걸음걸음
험한 골짝 땀방울, 피눈물 산등성이
땅을 건진 하늘 뜻 흔적이여

길가 둑방 외진 땅 돌 틈
설운 한숨 마다 않고
봄여름 내내 작은 꽃 피워내는
못난 나의 벗이여

가난한 자 복이 있나니

(2024. 6. 29.)

늦깎이

철 지난 울타리에
못난이 송이송이
부끄런 미소에
가녀린 손짓

일등이 무에며
꼴찌는 무에러냐
제 몸 피운 숨찬 걸음
늦깎이 장미화

(2024. 6. 29.)

살구 향

살구나무 그늘에
오순도순 모여 앉은
살구색 동화

뒤꼍에 깔아놓은 밀짚 멍석
기다리는 살구, 벌렁 누운 코흘리개
벌름대는 콧구멍에 흐르는

보리밭 푸른 향내
남풍에 실려오면
어깨동무 손끝마다 진하게 묻어나던

동그라미 소녀
바알간 두 볼에
속속들이 맛나게 스몄을

살구 향

파아란 에덴동산
앞뜰 뒤뜰 초록 고랑에
섬 없는 아이의 들숨 날숨

70 고개 넘긴 주머니에
고이고이 담아둔
하나 둘 셋

살구 향 동화

(2024. 6. 30.)

시를 담는 바구니

고운 꽃잎 보드라운
켜켜이 스민
그윽한 장미 향으로
숨결조차 고요한
살구꽃 살결에
살구 향으로
그렇게 담고 싶었어

부질없는 뜬구름이
아닌가 싶어

이래서 좋고
저래도 좋고
이러면 이렇게
저러면 저렇게

흐르는 물에
이는 바람 섞어가며
시를 담는 바구니로
그렇게 그렇게

(2024. 7. 3.)

사계인생(四季人生)

온화하고 포근한
선한 양심의 씨를 뿌려

열정과 의지로
땀을 쏟아 거름하고

고아(高雅)한 예술 소담스런 열매
실속 있게 누리고 나누며

숭고한 철학과 시를 마시고
하늘을 날며 세상을 품다

(2024. 7. 20.)

영생(永生)살이

내뿜는 땀의 열정
차오르는 푸른 꿈을 담고
아름다운 수채화 단풍과
버스럭버스럭 낙엽에 시를 실어
겨울 동화 그리며 눈싸움하다가
실려 오는 칼바람 타고
썰매 달린다

무너지는 등짐 쓸쓸한 미소에 싣고
멈춰가는 숭고한 숨결 모아
연둣빛 소매에 고운 꽃 피어나는
새봄을 노래하리
그리던 임과 함께
손에 손잡고 춤추리
얼쑤

(2024. 7. 22.)

환상(喚想)

엄마가 아이랑 지나간다
아기 손 잡고 아내가 이리 온다
나만 늙었다

어머니가 그립다
아내가 고맙다

정원 나무 그늘 따라 걸을 만하다
어머니 손 잡고
아내랑 같이

(2024. 7. 26.)

쉼

아무 일 없고
생각을 지우고
열의 열정 애착
사랑과 미움도
다 벗고
나도 잊고

풀과 나무와 산새
스치는 바람으로
둥실둥실 두둥실
구름 타고 구름을 넘어
구름 너머 구름 나라로

(2024. 7. 27.)

핑크

진하거나 화려하지 않아
해맑고 잔잔하니 깨끗해
온순하고 착하며 살가운

작은 송이송이 다복다복 정스런
초로(初老)의 품에 살며시 들온 배롱나무꽃
열정의 붉은 장미 잠시 비켜 세운

핑크

소년의 동그라미 예쁜 소녀
살아 있는 보석 진주 나의 당신
하늘 왕자님께 드린 나의 첫사랑

(2024. 7. 27.)

흰배롱꽃

어머니 아내 엄마는 하나
똑같은,
삼복더위 폭염에
고고히 피어나는
고운 임,
초록 치마에 흰 저고리
송이송이 흰배롱꽃

그리운 어머니
아내, 하늘이 내린 사랑
갸륵한 아기들 엄마
존귀한 그 이름
하늘가에 닿은
세상의 진선미
하늘의 별

하얀 꽃 당신

(2024. 8. 1.)

세월

맴맴 맴맴 매암매암
한여름 삼킬 듯한
매미의 합창
쓰름쓰름 쓰르르르
가는 세월에 애끓는
목청껏 아우성판

아침 창문 입에 문
쓰르라미 노랫가락
오늘을 노래하며
오늘에 살리
오는 세월 맞이하여
새날에 살리

된장잠자리 바삐 날고
고추잠자리 높게 날면
나도야
시 한 수 읊어대고
세월을 노래하며
춤을 추리라

(2024. 8. 21.)

물음표

나는 물음표
정답은 그대 당신
어제나 오늘이나
내일도 그럴걸

물음표 나는
정답을 알아
물으면 되니까
내일도 모레도

(2024. 8. 21.)

바람이 되려오

세상을 비춰주는 햇빛은
어둠을 밝혀주는 달빛도
동화 나라 창가에 별들은
더욱 못 되어도

이는지 자는지
가는지 오는지
뵈지 않는 흔적 없는
바람이 되려오

흘린 땀 식혀주고
오곡백과 만져주며
춤과 노래 실어 오는
세월 따라 임을 따라

있는 듯 없는 듯
아는 듯 마는 듯

(2024. 8. 22.)

기원 祈願

2017년 3월

기다림

뒤늦게 배운 하난
기다림

다시 보니
그리움

사랑

그리고 행복

(2017. 3. 2.)

눈물

없던 눈물
공연히 흐느끼다니
세상 줄 내려놓고
빈손에 뿌리내려
사랑이 커가는 거며
따끈한 피가
숨 쉬는 거고

그리움에 밥 말아
정신없이 먹다 보면
어느덧 봄여름 가고
귀뚜라미 또르르 또르르
기다렸던 듯
눈물은 나방이 되어
이역만리 하늘을 날으리

늙은 게 아니라
익은 거라 하더니만
다시 보니 눈물은
그리움 먹고 크는
사랑이고
나방이로 자라는
행복이더이다

                                                     (2017. 3. 3.)

기원(祈願)

나뭇가지 쉬지 않고 바람에 흔들려도
작은 가슴 잠시라도 요동하지 않으며
바람은 오며 가며 손짓하여도
폭 좁은 내 걸음 일정하게 하소서

잠시라도 세상 웃음 탐하지 않고
차라리 골방 눈물 꾸역꾸역 마시며
거짓 그물에 걸려 함정에 빠져도
하늘 평화 희락(喜樂)만은 간직하게 하소서

피 뿌린 시내산 계약 흐려지지 않도록
구름 기둥 불 기둥에 멀리 서지 않으며
겟세마네 땀과 눈물 마르지 않고
꿈에 본 하늘 향해 노래하며 가게 하소서

(2017. 3. 19.)

의인(義人)의 간구

세상 더부살이 곤한 영혼
하늘 백성 여기 있습니다

저들의 피를 살려주소서
붉은 칼날과 검은 독살에서
그의 목마름을 채워주소서
당신의 가슴에서 흐르는 성수(聖水)로

우리의 눈물을 닦아주소서
봄볕 솔바람 같은 주의 손길로

이 땅에 얹혀사는 한 송이 백합
이렇게, 이렇게 빕니다

(2017. 3. 24.)

등단 심사평

서정성의 차별화와 감동의 감응(感應)

심사위원: 엄창섭(아시아문예 고문, 가톨릭관동대학교 명예교수)
이진모(아시아문예 주간)

 어디까지나 '위대한 창조와 모방(模倣)'은 그 나름으로 일정한 연계성을 지니기에 인간의 내면심리에는 자연을 거부하거나 자연과 대립하는 창조정신을 지닌 동시에 자연을 모방하고 순응하는 모방정신의 불가분 관계가 작동하는 현상은 묵언의 관조(觀照)로 지켜볼 일이다. 까닭에 『아시아문예』 겨울호 신인상 응모자의 작품 중에서 심사위원들의 각별한 심사를 통하여 '서정성의 차별화와 감동의 감응'의 관점에서 정병수 님의 「비움」을 비롯한 5편을 신중한 논의를 거쳐 신인상의 당선작으로 확정하였다.
 한편 그 자신의 시편 중에 "가난한 자 복이 있나니/버리는 자 하늘 내림 맛보리라/하늘 떡이 비운 배에 채워진다/비움은 만족이니 낙원이어라(「비움」), "산야가 들썩 초목이 휘청/새날을 기다리는 소곤거림에(「세월」)"의 보기나, 항상 하늘을 우러러 기도하는 성자의 징표를 살려내어 시적으로 형상화하는 "하늘 향해 하염없이/울고 있나 싶어라/어느 틈에 두 눈 뜨고/두 팔 든 겨울나무/그대 침묵의 사자(使者)여(「겨울나무」)", "두 젖가슴 내보인 채/온몸 감싸는 성스런 전율(戰慄)(「시루봉」)"과 같이 시의 본질인 서정성이 더없이 묻어나 영혼의 깊은 상처로 고통받는 대다수 이 땅의 독자들에게 감동을 회복시켜 주고 있는 점은 높이 평가할 가치를 지닌다.

그렇다. 다시금 살펴볼 때 "세상 향한 연민을 임 앞에 뿌리며/연이어 줄임표 그리면서 가리(「문장부호 인생」)"에서 이처럼 지혜로운 삶의 교시(敎示)를 일깨워 저마다에게 주어진 인생의 문장부호를 '감동의 느낌표'로 마감하는 화자(話者)의 역할 분담은 그 나름의 역동성과 생명감을 지녀 당선작으로 확정 짓기에 결코 거부감은 없다.

심사평을 마치면서 '작은, 신의 대행자(代行者)로서' 불멸의 시혼(詩魂)을 눈부시게 발화시켜 천상의 층계를 오르는 한 사람의 순례자라는 시대적 소임을 엄숙히 수행할 정병수 시인의 신인상 수상을 진심으로 기뻐하며 축하의 박수를 보낸다.

* 『아시아문예』 2022년 겨울호, 통권 67호

작품 해설

자연 세계와의 교감을 통한
존재 가치의 은유적 탐구
― 「바람이 되려오」를 중심으로 ―

바람이 되려오

세상을 비춰주는 햇빛은
어둠을 밝혀주는 달빛도
동화 나라 창가에 별들은
더욱 못 되어도

이는지 자는지
가는지 오는지
뵈지 않는 흔적 없는
바람이 되려오

흘린 땀 식혀주고
오곡백과 만져주며
춤과 노래 실어 오는
세월 따라 임을 따라

있는 듯 없는 듯
아는 듯 마는 듯

정병수 시인의 「바람이 되려오」는 자연과 시간의 흐름을 따라 삶의 의미와 존재성의 본질을 탐색하는 작품이다. 이 시에서 '바람'은 주된 상징으로 등장하여 존재 가치의 미묘한 속성을 표현하고 있다.

이야기는 "세상을 비춰주는 햇빛", "어둠을 밝혀주는 달빛", "동화 나라 창가에 별들"과 같은 자연적 요소들이 등장하며 시작된다. 자연의 이러한 현상은 외적으로 드러나 그 자체로 빛을 발하는 존재들이다. 그러나 시적 화자는 이들과는 달리, 눈에 보이지 않아 감춰진 바람과 같은 존재가 되고자 한다.

이어 "이는지 자는지/가는지 오는지/뵈지 않는 흔적 없는"에서 무형의 바람이 일으키는 자유로운 흐름이 감지된다. 바람은 아무런 형체 없이 나아가고 자취를 남기지 않는다. 이는 존재의 덧없음과 무상함을 내포하는 상징이자, 거대한 흔적 없이도 계속하여 세상과 연결되기를 바라는 의도를 암시한다.

"바람이 되려오"라는 독백은 시인의 내면에서 비롯한, 바람처럼 존재하고 싶다는 간절한 소망이다. 바람이 지나간 자리를 알 수 없듯이, 그는 자신의 존재가 크지 않게끔, 그렇지만 세상을 널리 살피며 선한 영향력을 미치기를 원한다.

한편, 바람이 생활 세계 깊숙이 자리한 가치들에 어떻게 영향을 주고 있는지는, "흘린 땀 식혀주고/오곡백과 만져주며/춤과 노래 실어 오는"과 같이 제시된다. 바람은 사람들에게 위로를 주고, 고된 삶 가운데 휴식과 기쁨을 전하는 존재로 그려진다. 바람처럼 흐르는 여유로운 움직임으로 세상의 많은 이들에게 위안과 도움을 주었으면 하는 시인의 기대를 엿볼 수 있다.

마지막에 놓인 "있는 듯 없는 듯/아는 듯 마는 듯"은 바람의 특성을 다시 한 번 환기하며, 존재감을 뚜렷이 드러내지 않은 채 세상에 스며들고자 하는 내면의 욕구를 함축한다. "있는 듯 없는 듯"은 존재하면서도 존재하지 않는 불가시(不可視)의 해방감에 가깝고, "아는 듯 마는 듯"은 타인의 삶에 온전히 개입하지 않되 나란히 공존하고 싶은 마음 상태를 나타낸다.

정병수 시인은 시집 『비움』에 수록된 100편의 작품 속에서 자연의 순수한 아름다움과 숭고한 인간성의 상호작용, "임을 따라" 살아가는 절대자 앞의 겸허함을 정제된 시어로써 표현해 왔다. 그의 시 세계에서 길어 올린 「바람이 되려오」는 자연과의 교감을 통해 존재 가치의 불완전성과 가능성을 동시에 발견한 시적 자아의 자기 고백적 은유이다.

철학자 에드문트 후설(Edmund Husserl)은 실재하는 외부 세계의 모든 대상물은 항상 어떤 '의미'로 인식된다고 주장하였다. 존재할 수 있는 모든 것은 의식 속에서 의미로 규정되며 우리는 그 의미만을 인지한다. 즉, 시인은 보이지 않는 바람을 인식 가능한 존재로 치환하여 탐구함으로써 내면적 성찰의 의미를 새로이 부여하고 있는 것이다.

겉으로 드러나지 않으면서도 끊임없이 흐르는, 흔적을 남기지 않으면서도 수많은 삶에 생기를 불어넣는 '바람과 같은 존재'는, 인간 본연의 유한성과 실존의 불안을 극복하고 초월자(超越者)의 세계로 나아간다. 이것이 시인이 세상과 사람들을 조용히 감싸며 바람처럼 살아가겠노라고 다짐하고 있는 까닭이리라.